EMG3-0078
合唱楽譜＜J-POP＞

J-POP
CHORUS PIECE

合唱で歌いたい！J-POPコーラスピース

混声3部合唱

想い出がいっぱい
（H_2O）

作詞：阿木燿子　作曲：鈴木キサブロー　合唱編曲：田中和音

●●● 演奏のポイント ●●●

♪言葉のまとまりを大事にしましょう。

♪AB には、2分音符で語尾を伸ばす箇所がたくさんあります。それぞれにふさわしい歌い方を研究しましょう。

♪B からは、それぞれのパートがいろいろな旋律を歌います。声量のバランスをよく考えて歌いましょう。

♪C はサビです。リズムよく歌いましょう。シンコペーションや3連符のリズムをきちんと揃え、説得力が出るようにしましょう。

♪ピアノは8分・16分音符が滑らないようにテンポを保ちながら弾きましょう。また、サビ1小節前を、強弱やアクセントをつけながらリズムよく弾くことがこの曲の大きなポイントです。カッコよくキメましょう。

【この楽譜は、旧商品『想い出がいっぱい（混声3部合唱）』(品番：EME-C3023)とアレンジ内容に変更はありません。】

合唱で歌いたい！J-POPコーラス

想い出がいっぱい

作詞：阿木燿子　作曲：鈴木キサブロー　合唱編曲：田中和音

©1983 by FUJIPACIFIC MUSIC INC.
& UNIVERSAL MUSIC PUBLISHING LLC

MEMO

想い出がいっぱい （H₂O）

作詞：阿木燿子

古いアルバムの中に　隠れて想い出がいっぱい
無邪気な笑顔の下の　日付は遥かなメモリー
時は無限のつながりで　終わりを思いもしないね

手にとどく宇宙は　限りなく澄（す）んで
君を包んでいた

大人の階段登る　君はまだシンデレラさ
幸福（しあわせ）は誰かがきっと　運んでくれると信じてるね
少女だったといつの日か　思う時が来るのさ

キラリ木（こ）もれ日（び）の様な　まぶしい想い出がいっぱい

ひとりだけ横向く　記念写真だね
恋を夢見る頃

ガラスの階段降りる　ガラスの靴シンデレラさ
踊り場で足を止めて　時計の音気にしている
少女だったと懐（なつ）かしく　ふり向く日があるのさ

大人の階段登る　君はまだシンデレラさ
幸福（しあわせ）は誰かがきっと　運んでくれると信じてるね
少女だったといつの日か　思う時が来るのさ
少女だったと懐（なつ）かしく　ふり向く日があるのさ

エレヴァートミュージックエンターテイメントはウィンズスコアが
展開する「合唱楽譜・器楽系楽譜」を中心とした専門レーベルです。

ご注文について

エレヴァートミュージックエンターテイメントの商品は全国の楽器店、ならびに書店にてお求めになれますが、店頭でのご購入が困難な場合、下記PC&モバイルサイト・FAX・電話からのご注文で、直接ご購入が可能です。

◎PCサイト&モバイルサイトでのご注文方法
http://elevato-music.com
上記のアドレスへアクセスし、WEBショップにてご注文ください。

◎FAXでのご注文方法
FAX.03-6809-0594
24時間、ご注文を承ります。上記PCサイトよりFAXご注文用紙をダウンロードし、印刷、ご記入の上ご送信ください。

◎お電話でのご注文方法
TEL.0120-713-771
営業時間内に電話いただければ、電話にてご注文を承ります。

※この出版物の全部または一部を権利者に無断で複製(コピー)することは、著作権の侵害にあたり、著作権法により罰せられます。

※造本には十分注意しておりますが、万一、落丁・乱丁などの不良品がありましたらお取り替えいたします。また、ご意見・ご感想もホームページより受け付けておりますので、お気軽にお問い合わせください。